D1404321

Dégustation
du vin

Dégustation du vin

Nicolle Croft   photographies de Francesca Yorke

 **Broquet**

97-B, Montée des Bouleaux, Saint-Constant, Qc, Canada, J5A 1A9
Tél. : (450) 638-3338 / Télécopieur : (450) 638-4338
Site Internet : www.broquet.qc.ca
Courriel : info@broquet.qc.ca

Données de catalogage avant publication (Canada)

Croft, Nicolle
    Dégustation du vin

    Traduction de : Wine tasting
    Comprend un index

    ISBN 2-89000-597-6

    1. Vin - Dégustation. I. Titre.

TP548.5.A5C7614 2003   641.2'2   C2003-940527-3

Pour l'aide à la réalisation de son programme éditorial, l'éditeur remercie :
Le Gouvernement du Canada par l'entremise du Programme d'Aide au
    Développement de l'Industrie de l'Édition (PADIÉ) ;
La Société de Développement des Entreprises Culturelles (SODEC);
L'Association pour l'Exportation du Livre Canadien (AELC).
Le Gouvernement du Québec - Programme de crédit d'impôt pour l'édition
    de livres - Gestion SODEC.

Pour le titre original

Concepteur Susan Downing   **Directrice artistique** Gabriella Le Grazie
Éditeur Miriam Hyslop   **Directeur de l'édition** Alison Starling
Production Deborah Wehner

Traduction et adaptation en langue française Normand Lebeau
Révision Denis Poulet

Titre original : Winetasting
Copyright © Ryland Peters & Small

Text © Nicolle Croft 2002
Design and photographs © Ryland Peters & Small 2002

Pour l'édition en langue française :
Éditeur : Antoine Broquet
Copyright © Ottawa 2003
Broquet inc.
Dépôt légal — Bibliothèque nationale du Québec
2e trimestre 2003

Imprimé en Chine

ISBN 2-89000-597-6

Table des matières

POURQUOI S'INTÉRESSER AU VIN ?   7

POURQUOI LES VINS
ONT-ILS DES GOÛTS DIFFÉRENTS ?   8

COMMENT ORGANISER
UNE DÉGUSTATION DE VINS À DOMICILE   14

L'ART DE DÉGUSTER LE VIN   22
La vue   24
L'odeur   30
Le goût   34
Conclusions de dégustation   45

FICHE DE DÉGUSTATION DE VINS   46

PRINCIPAUX CÉPAGES   48

LES ACCORDS ENTRE LES ALIMENTS
ET LES VINS   56

TYPES DE VINS BLANCS   58

TYPES DE VINS ROSÉS   59

TYPES DE VINS ROUGES   61

GLOSSAIRE DES VINS   62

Index   63
Remerciements   64

Pourquoi s'intéresser au vin ?

Jamais dans l'histoire n'avons-nous connu une période aussi favorable à l'exploration de l'univers des vins. Ils sont de qualité supérieure, plus variés et à des prix plus abordables. Voilà un contexte idéal !

L'étonnante diversité des vins peut sembler intimidante pour un néophyte. Toutefois, cet ouvrage porte sur les aspects généraux du vin plutôt que sur les exceptions. Il vise à démystifier le mystérieux monde des vins et vous encourage, ainsi que votre entourage, à faire l'essai de nouveaux vins et à profiter au maximum du vaste choix de vins offerts aux consommateurs.

À la base, le vin est un produit agricole comme le fromage et le pain. Il ne s'agit ni plus ni moins que de jus de raisin fermenté et de transformation du sucre de raisins mûrs en alcool. Néanmoins, c'est un produit possédant des qualités particulières qui fascine les gens et stimule les esprits depuis des millénaires.

Le vin peut faire du repas le plus simple une véritable fête. Il est un formidable partenaire de la nourriture, aiguisant l'appétit et favorisant la digestion. Le vin contribue à réduire le cholestérol et constitue une source appréciable de vitamines et d'oligo-éléments.

Une des principales qualités du vin réside dans son incroyable diversité. On peut produire du vin à partir de centaines de cépages différents, selon des méthodes variées, dans le monde entier. Le vin est également une matière vivante qui évolue avec le temps.

L'exploration de l'univers des vins est une expérience différente pour chaque personne, selon les goûts de chacun. Il en va du vin comme de l'art : tout comme vous pouvez préférer Van Gogh à Mondrian, vous apprécierez un style de vin particulier plutôt qu'un autre. Faites confiance à vos goûts qui se développeront immanquablement au fil du temps.

On peut apprécier le vin de plusieurs manières. Faire connaissance avec le vin est un peu comme se familiariser avec une personne. On peut s'en tenir à une relation superficielle ou tisser des liens étroits. Une chose est certaine, avec le vin il y a toujours de nouveaux aspects à découvrir. Vous n'arriverez jamais à tout savoir sur les vins, mais mieux vous les connaîtrez, plus vous les apprécierez. Nous espérons que ce livre sera pour vous le point de départ d'un voyage fascinant dans l'univers infini des vins.

Pourquoi les vins ont-ils des goûts différents ?

Les différences de goût entre les vins s'expliquent principalement par la variation des taux d'acidité, de sucre, de tanin et d'alcool. Ce sont ces différences qui déterminent le type ou le style d'un vin. Ce sont surtout le «corps» du vin et sa teneur en sucre qui permettent de les répartir en grandes catégories: vins blancs frais et secs, vins blancs aromatiques et demi-secs, vins blancs riches et corsés, vins doux, vins rosés, vins rouges légers et fruités, vins rouges moelleux, semi-corsés et corsés.

Parmi les autres types de vins, on retrouve les vins fortifiés, comme le porto ou le xérès, que l'on renforce en y ajoutant de l'eau-de-vie. Les vins mousseux constituent un autre type de vin. La plupart d'entre eux connaissent une seconde fermentation produisant des bulles.

Qu'est-ce qui confère à chaque vin sa personnalité? La particularité d'un vin résulte du choix du cépage, de la région où on l'a produit, de l'année de production, de la touche personnelle du vigneron et de l'âge du vin.

LE CÉPAGE

Les vins peuvent être produits à partir de cépages blancs ou rouges. Le cépage est l'un des facteurs déterminants dans le goût d'un vin. Il y a de nombreux cépages. Le choix du vigneron repose principalement sur le type de sol et le climat qui prévaut.

On peut utiliser un cépage unique pour produire un vin. On parle alors d'un vin de cépage pur. Dans les contrées qui produisent du vin depuis peu, comme l'Australie ou l'État de la Californie, le vin est habituellement nommé à partir du cépage dont il provient. Il en va de même en Alsace et en Allemagne. En Europe, la tradition veut que le vin soit nommé d'après la région plutôt que le cépage; c'est le cas du chablis, en France, produit à 100 % avec du chardonnay.

On peut assembler des cépages différents pour produire un vin. Ainsi le champagne est-il le résultat d'un assemblage de deux vins rouges, le pinot noir et le pinot meunier, avec un chardonnay blanc. On mélange également les cépages dans le Bordelais, où on assemble le cabernet sauvignon, le merlot et le cabernet franc pour produire des vins rouges. L'assemblage engendre une plus grande complexité, car chacun des cépages apporte ses caractéristiques particulières au vin.

On peut reconnaître les différents cépages par le «nez» et le «palais», qui en décèlent les principales caractéristiques (voir Principaux cépages, pages 48–55). Ces caractéristiques varient

selon le climat de la région où les cépages sont cultivés. Ainsi, les cépages des régions plus chaudes ont tendance à produire des saveurs plus intenses et plus riches.

L'âge de la vigne influence également le goût du vin. Plus la vigne est âgée, moins elle produit de raisins, ce qui donne à ceux-ci une saveur plus concentrée. Les vignes peuvent croître pendant plus de 100 ans.

LA RÉGION

On cultive des cépages à des fins viticoles dans deux grandes zones, qui se situent entre 30 et 50 degrés de latitude tant dans l'hémisphère nord que dans l'hémisphère sud. À l'intérieur de ces zones, le climat est suffisamment chaud pour que les raisins mûrissent, mais il assez froid pour qu'ils conservent un peu d'acidité.

Les régions vinicoles de l'hémisphère nord comprennent l'Amérique du Nord et l'Europe, alors que dans l'hémisphère sud, ce sont l'Amérique du Sud, l'Afrique du Sud, l'Australie et la Nouvelle-Zélande qui produisent des vins.

On distingue aussi les régions vinicoles en termes de « nouveau monde » et « d'ancien monde » selon qu'il s'agit de régions où la culture du vin est récente ou ancienne. Cette distinction n'est pas rigoureuse, mais on s'en sert pour différencier les vins qui proviennent de l'Europe (ancien monde) de ceux qui sont produits ailleurs, c'est-à-dire dans des pays qui en produisent depuis moins longtemps. Dans le nouveau monde, on retrouve l'Amérique du Nord, l'Amérique du Sud, l'Afrique du Sud, l'Australie et la Nouvelle-Zélande.

De façon générale, les régions aux climats plus frais produisent des vins plus acides et aux saveurs plus subtiles, alors que les climats chauds donnent des vins plus fruités, au taux d'alcool plus élevé et moins acides. On peut déceler ces caractéristiques en regardant, en humant et en goûtant les vins.

La région d'origine d'un vin influence directement son goût, ce qui s'explique par des différences de climat et de sol et la configuration du terrain. Par tradition, les Européens accordent beaucoup d'importance à cet ensemble de facteurs qu'ils appellent le « terroir ».

Le terroir est à la base de plusieurs systèmes de classification dans différents pays. En France, ce système a pour nom *Appellation contrôlée* (AC), en Espagne, *Denominaciónes de Orígén* (DO), en Allemagne, *Qualitätswein bestimmter Anbaugebiete* (QbA) et *Qualitätswein mit Prädikat* (QmP), et en Italie, *Denominazione di Origine Controllata* (DOC). Ces systèmes de classification exigent un ensemble de règles destinées à garantir la conformité des vins aux caractéristiques de chacun des terroirs.

Quand vous choisissez une bouteille de vin dont l'étiquette porte la mention *Appellation contrôlée*, vous avez la certitude que ce vin a bien été produit dans la région vinicole indiquée sur l'étiquette. Malheureusement, la qualité du vin, elle, n'est pas garantie. Seule la réputation d'un producteur peut être considérée comme une véritable garantie de qualité.

La tradition veut qu'en Europe les vins soient nommés d'après la région d'où ils proviennent (photo de gauche), alors que dans les pays qui produisent du vin depuis moins longtemps, les vins portent le nom des cépages utilisés dans leur fabrication (ci-dessus).

Dans quelques régions vinicoles de l'ancien monde, il existe des classifications additionnelles qui soulignent la supériorité de certains vignobles. Ces classifications se traduisent par des mentions comme *grand cru* ou *premier cru* sur l'étiquette. Il importe toutefois de retenir que le niveau de qualité indiqué par ces appellations diffère d'une région à l'autre et d'un producteur à l'autre.

Dans le nouveau monde, l'étiquette indique la région, mais il n'existe pas de système de classification rigoureux. Ainsi, les producteurs disposent d'une plus grande liberté pour expérimenter des cépages et des types de vins.

LE MILLÉSIME

Le millésime d'un vin fait référence à l'année de récolte d'un cépage. L'étiquette indique généralement le millésime, à moins que le vin ne provienne d'un assemblage de cépages récoltés différentes années.

Dans les régions plus fraîches, les variations climatiques sont grandes d'une année à l'autre, ce qui influence les caractéristiques du vin produit. Dans les régions où le climat est plus chaud, il y a moins de variations d'une année à l'autre. Le millésime n'est donc pas un facteur dont il faut absolument tenir compte dans la sélection des vins.

LE VINIFICATEUR

Le vinificateur peut être comparé à un chef cuisinier. Il peut suivre une recette de base, mais celle-ci variera selon l'année et les cépages cultivés. Le moment de la cueillette (il faut des fruits parfaitement mûrs), la température, la durée de la période de fermentation, l'utilisation ou non de fûts de chêne, la

La région d'origine d'un vin influence directement son goût

durée de la période de maturation (s'il y a lieu) ainsi que le moment de l'embouteillage sont tous des facteurs qui contribuent à déterminer le goût et la qualité d'un vin.

Le vieillissement du vin dans des fûts de chêne avant l'embouteillage donne au vin des saveurs particulières. L'utilisation du chêne est en quelque sorte l'équivalent du sel et du poivre pour les aliments. Lorsque le processus est bien exécuté, le vin s'en trouve rehaussé, mais dans le cas contraire, le goût peut s'en trouver masqué. Toutefois, ce ne sont pas tous les cépages, particulièrement les cépages blancs, qui s'accordent avec les saveurs prononcées du chêne.

LE VIEILLISSEMENT

Comme le vin est une substance vivante, son goût se transforme au fil de son cycle de vie. La plupart des vins sont faits pour être consommés lorsqu'ils sont jeunes. Ils ne bénéficient donc pas d'une période de vieillissement et leur cycle de vie est court. L'expression *vin fin* désigne un vin produit avec des cépages de qualité supérieure ; l'investissement dans le vieillissement en fût de chêne n'en est que mieux garanti. Les vins fins profitent généralement d'un vieillissement en bouteille et s'améliorent au fil du temps. Lorsque les éléments qui composent le vin sont équilibrés, celui-ci est prêt à boire, présentant un goût souple.

Au nombre des cépages blancs qui vieillissent bien, on retrouve le chardonnay, le riesling, le chenin blanc et le sémillon. Du côté des cépages rouges, des variétés comme le cabernet sauvignon, le merlot, la syrah ou shiraz, le nebbiolo, le sangiovese, le tempranillo et le pinot noir s'améliorent avec le temps.

Comment organiser une dégustation de vins à domicile

De gauche à droite :
verre de vin rouge
standard, verre de
Bordeaux classique,
verre de vin blanc
standard, verre de
Bourgogne classique
et verre de dégustation
standard.

our organiser une dégustation dans le confort de votre foyer,
ous n'avez besoin que de vos sens, d'un verre et d'un peu de
in. Pour en retirer le maximum de satisfaction, il est préférable
e suivre quelques directives fort simples.

CE QU'IL VOUS FAUT

N TIRE-BOUCHON ET UN COUPE-CAPSULE OU UN COUTEAU
eillez à découper la feuille d'aluminium sous la lèvre de
a bouteille.

NE TABLE RECOUVERTE D'UNE NAPPE BLANCHE Le fond
lanc aide à faire ressortir la couleur du vin. À défaut d'une
appe blanche, vous pouvez utiliser une feuille de papier blanc.

ES VERRES TULIPES Les verres les mieux conçus pour la
égustation sont incurvés vers l'intérieur afin d'emprisonner les
rômes du vin et de les diriger vers votre nez, un organe
ssentiel pour la dégustation. Le verre doit être transparent et
ince, et muni d'un pied afin de pouvoir le faire pivoter
oucement et l'incliner sans modifier la température du vin.

Si vous devez réchauffer le vin, enveloppez le ballon dans
votre main, ce qui permettra de réchauffer le vin lentement.
UN BON ÉCLAIRAGE La lumière du jour constitue
l'éclairage idéal.
UN ENVIRONNEMENT EXEMPT DE FUMÉE ET D'ODEURS FORTES
UN PALAIS NEUTRE Du pain ou des biscuits ordinaires, faits de
farine et d'eau, sont excellents pour nettoyer le palais.
DE L'EAU Pour siroter durant la dégustation.
UN CRACHOIR Un pichet ou un entonnoir placé dans une
bouteille feront l'affaire. La décision de cracher ou non dépend
du style de dégustation et du nombre de vins que vous comptez
découvrir. Il n'est pas nécessaire d'avaler pour bien goûter le
vin, car la plupart des papilles gustatives sont situées sur la
langue. Cracher le vin vous permettra de demeurer attentif à
chacune des différentes saveurs. N'oubliez pas qu'une
certaine quantité d'alcool est tout de même absorbée à travers
la surface de la bouche, même lorsque vous recrachez
le liquide.

COMMENT ORGANISER UNE DÉGUSTATION

THÈME Votre dégustation peut porter sur un cépage, une région ou un millésime, et inclure à la fois des vins blancs et des vins rouges. Essayez de comparer des vins de prix avoisinants et demandez à vos invités d'apporter des bouteilles de vin se rapportant au thème. Essayez de faire quelques recherches sur les vins que vous allez servir.

GENRE Tout dépend de l'espace dont vous disposez et si vous désirez tenir une dégustation dans les règles de l'art ou simplement amicale.

DÉGUSTATION DANS LES RÈGLES DE L'ART Vous devez prévoir un verre pour chacun des vins, ce qui permettra de comparer les vins côte à côte. Disposez les verres sur une table recouverte d'une nappe blanche. Distribuez des fiches de dégustation afin de permettre à chacun des participants d'indiquer ses commentaires sur chaque vin. Pour vous faciliter la tâche, vous pouvez faire des photocopies de la fiche de dégustation proposée à la page 46. Si vous prévoyez déguster plusieurs vins, vous devrez fournir à chacun des participants une fiche numérotée correspondant à chaque verre. Vous pouvez prendre une feuille de papier et tracer un cercle autour du pied de chaque verre ; il vous suffira alors de numéroter les cercles.

DÉGUSTATION AMICALE La dégustation peut avoir lieu dans votre salon, avec des invités debout ou assis, ou elle peut avoir lieu à table dans le cadre d'un repas. Vous pouvez consulter la section sur les accords entre vins et mets, page 56. Le contexte doit être détendu et vous pouvez n'offrir à chaque convive qu'un seul verre pour tous les vins.

DÉGUSTATION À L'AVEUGLE Ce genre d'exercice exige l'élimination de tout indice visuel. Enveloppez les bouteilles dans du papier d'aluminium ou du papier brun afin de dissimuler l'étiquette, ou transvasez le vin dans une bouteille vide afin que la forme de la bouteille ne révèle aucun indice.

Selon les régions d'origine, les bouteilles sont de formes différentes. De gauche à droite : vin du Bordelais, vin allemand et vin de Bourgogne (ci-dessus). Si vous organisez une dégustation à l'aveugle, il serait utile de numéroter les bouteilles afin d'éviter toute confusion (à droite).

Posez des étiquettes numérotées sur les bouteilles afin d'éviter toute confusion. Ainsi, vous devrez vous fier uniquement à vos sens pour identifier les vins. La dégustation à l'aveugle est le meilleur moyen d'apprendre aux débutants à distinguer les différentes saveurs de vins sans consulter les étiquettes.

NOMBRE DE VINS N'essayez pas de goûter trop de vins différents. Pour commencer, faites l'essai de deux vins provenant d'un même cépage, mais de pays différents. Servez un maximum de six à huit vins différents.

QUANTITÉ DE VIN Une portion de dégustation devrait correspondre au tiers d'un verre de vin normal. Ainsi chaque bouteille de 750 ml donne environ 15 à 20 portions de dégustation. Une fois la dégustation terminée, vous pouvez remettre les bouchons sur les bouteilles dans lesquelles il reste suffisamment de vin.

OUVRIR ET GOÛTER Ouvrez les bouteilles un peu avant la dégustation pour vérifier que les vins sont en bon état et replacez délicatement les bouchons. Consultez les pages 30 et 32 qui vous expliquent comment procéder et quels sont les défauts à surveiller.

DÉCANTAGE Ce procédé consiste à verser le vin d'une bouteille dans une décanteuse ou un pichet. On effectue cette opération pour deux raisons : enlever le dépôt d'un vin mûr ou adoucir un vin rouge, jeune et consistant. Le vin connaît un développement accéléré au contact de l'air. Vous pouvez faire tourner doucement le vin dans votre verre pour obtenir un effet similaire. Le fait de laisser une bouteille ouverte pendant une heure ou deux pour permettre au vin de respirer ne suffira ni à l'aérer, ni à l'adoucir.

TEMPÉRATURE Servir le vin à la bonne température permet de l'apprécier à sa pleine mesure.

TEMPÉRATURE DE SERVICE DES VINS

	RÉFRIGÉRATION	TEMPÉRATURE DE SERVICE
VINS BLANCS		
Mousseux	4 heures	5 à 10 °C
Blancs frais et secs	1½ heure	10 à 12 °C
Aromatisés et secs mi-corsés	2 heures	10 à 12 °C
Vins doux corsés	1½ heure	10 à 12 °C
Vins secs corsés	1 heure	12 à 16 °C
VINS ROSÉS	1½ heure	10 à 12 °C
VINS ROUGES		
Vins rouges légers et fruités	1 heure	12 à 16 °C
	LAISSEZ REPOSER DANS UNE PIÈCE NON CHAUFFÉE	TEMPÉRATURE DE SERVICE
Rouges semi-corsés	1 heure	14 à 17 °C
Rouges corsés	2 heures	15 à 18 °C

Si vous avez des doutes, servez les vins rouges et les vins blancs frais, particulièrement dans le cadre d'une dégustation. Peu importe la température, les vins se réchaufferont durant la dégustation. Comme la réfrigération d'un vin masque sa saveur, plus un vin est corsé, plus il devra être servi chaud. Le niveau de tanin d'un vin rouge indique la température à laquelle il doit être servi. Les vins rouges faibles en tanin peuvent être légèrement refroidis. Oubliez la consigne « servir à la température de la pièce », qui a été inventée à une époque où le chauffage central n'existait pas encore.

ORDRE DU SERVICE Voici les règles générales en matière de service du vin : le vin sec avant le vin doux, le blanc avant le rouge, le vin léger avant le vin corsé, le vin de moindre qualité avant le vin fin et le vin jeune avant le vin vieux. Cet ordre permet aux papilles gustatives de s'habituer à l'augmentation de puissance ou de complexité, de sorte qu'un vin ne soit pas éclipsé par le précédent.

VERSEZ LE VIN ET DÉGUSTEZ Vous pouvez verser le vin ou faire circuler la bouteille pour que les participants puissent consulter l'étiquette (à moins qu'il ne s'agisse d'une dégustation à l'aveugle). Suivez bien l'ordre d'évaluation des sensations indiqué sur la fiche de dégustation de la page 46. Gardez ce livre à portée de la main afin de pouvoir répondre à toute question sur la manière de procéder.

CONSERVEZ LES SURPLUS DE VIN Les vins commencent à se détériorer une fois la bouteille ouverte. Une exposition prolongée à l'oxygène accélère leur oxydation ou leur fait perdre leur arôme. Le vin finira par tourner au vinaigre s'il demeure exposé trop longtemps à l'air libre. Le vin d'une bouteille à moitié pleine se détériorera plus rapidement que celui d'une bouteille presque pleine. Le retrait de l'oxygène au moyen d'une pompe *Vacuvin* ou d'un accessoire similaire permet au vin de demeurer frais plus longtemps. Plus le niveau d'alcool du vin est élevé, plus celui-ci est résistant.

De l'eau et de
la glace dans
un seau à glace
favorisent
un meilleur
refroidissement
que la glace
seule.

L'art de
déguster le vin

Chaque vin a une histoire à raconter : les cépages utilisés, la région de culture, la méthode de fabrication... La dégustation est un acte qui, par-delà la simple consommation, permet de se familiariser par l'intermédiaire des sens (vue, odorat et goût) avec l'histoire d'un vin. Pendant que vous regardez, humez et goûtez un vin, chacun de vos sens confirme ou dément la sensation ressentie précédemment. C'est ce processus qui permet de tirer des conclusions sur un vin.

Cet ouvrage explique comment lire l'histoire d'un vin, ce qu'il faut rechercher, comment tirer l'information à même le vin et ce qu'il a à nous raconter.

Il est possible d'apprécier la musique ou l'art simplement par l'écoute ou l'observation, mais l'approfondissement de nos connaissances augmente le plaisir et améliore la compréhension. Il en va de même pour le vin. Le simple fait de boire du vin est une expérience agréable, mais en vous familiarisant avec le monde des vins, vous apprendrez à les apprécier davantage.

Le langage du vin est souvent décrié : verbeux, exagéré et vide de sens. Ne vous laissez pas intimider par l'hermétisme du vocabulaire et efforcez-vous de décrire vos impressions de dégustation dans des mots qui vous sont familiers et signifiants.

Le vin a la particularité d'offrir une gamme complexe de saveurs en une seule gorgée. L'étendue de sa complexité en matière de goût est incomparable. Nous tentons de décrire les saveurs des vins en les comparant avec des arômes et des saveurs que nous avons expérimentés. Chaque fois que je hume un vin mûr originaire de la vallée du Rhône, en France, je pense aux sièges de cuir de la vieille voiture sport de mon père. Les mots deviennent des éléments déclencheurs qui évoquent des souvenirs particuliers.

Les flaveurs évoquées au fil des pages suivantes ne sont pas des lignes directrices rigides, mais de simples recommandations pour vous aider à élaborer votre propre liste de mots déclencheurs pour décrire le vin. Vous devrez tenir compte de vos propres souvenirs et perceptions.

La vue

Ne sous-estimez pas l'importance de la vue dans le processus de dégustation.
Non seulement les yeux fournissent-ils des indices sur l'âge et l'origine d'un vin,
mais ils aident également à déceler si un vin est en bon état et prêt à être goûté.

CE QU'IL FAUT FAIRE

VERSEZ LE VIN Utilisez un verre incurvé vers l'intérieur et remplissez-le
environ au tiers. Ainsi le vin aura de l'espace pour bouger et s'aérer.

TENEZ LE VERRE PAR LA BASE Pour ne pas réchauffer le vin et
vous permettre de l'observer facilement, il est préférable de tenir le verre
par la base et non par le ballon.

INCLINEZ LE VERRE Inclinez le verre à environ 45 degrés par rapport
à un fond blanc pour observer la couleur du vin. Observez le vin dans
le centre du verre (le cœur du vin) et sur les rebords.

POSEZ LE VERRE SUR UNE SURFACE BLANCHE Il est plus facile d'observer
l'intensité ou la profondeur de la couleur d'un vin en le regardant de haut.

CE QU'IL FAUT OBSERVER

LIMPIDITÉ Le vin a-t-il un aspect limpide ou terne ? Tous les vins devraient être
brillants et limpides. S'il est trouble, c'est qu'il y a un problème. Comme mesure
de vérification, vous pouvez humer le vin et percevoir s'il dégage des odeurs
désagréables. Le caractère trouble d'un vin est en lui-même un indicateur fiable
d'un défaut.

BULLES Le vin est-il pétillant ou tranquille ? S'il s'agit d'un vin qui n'est pas censé
faire des bulles, il pourrait s'agir d'un problème. Toutefois, certains vins destinés
à être bus lorsqu'ils sont jeunes présentent un léger pétillement.

La présence de cristaux de tartre inoffensifs dans un vin est un bon signe, car elle signifie que le vin n'a pas été trop traité.

TEXTURE Le vin a-t-il un aspect huileux ou aqueux? Adhère-t-il aux côtés du verre, qu'on appelle «jambes»? Cette viscosité indique un niveau d'alcool élevé et une concentration de fruits mûrs, appelée «extrait». Dans les vins blancs, sa présence peut indiquer la douceur.

DÉPÔT Voyez-vous un dépôt quelconque dans le verre? Il pourrait s'agir d'un sédiment résultant du processus de vieillissement, qui ressemble à de la boue et qu'on ne retrouve habituellement que dans les vins rouges. Cela se produit généralement dans les vins fins qui ont vieilli pendant plusieurs années.

Vous pourriez également trouver, tant dans le vin blanc que dans le rouge, des cristaux ressemblant à des granules de sucre. Ce sont des cristaux de tarte inoffensifs. Dans les vins rouges, ils sont teints en rouge par les pigments de couleur.

Lorsque vous ouvrez une bouteille, quelques morceaux de bouchon tombent dans le vin. Retirez-les tout simplement. Ils sont sans danger.

COULEUR La couleur d'un vin peut donner un aperçu de son goût. Elle indique également le type de cépage utilisé, la région de culture, la température durant la saison de croissance et l'âge du vin.

Comme plusieurs facteurs sont susceptibles d'influencer la couleur du vin, les indications suivantes ne sont que des recommandations générales.

La meilleure façon de décrire la couleur consiste à la comparer à des objets environnants, par exemple la couleur de la confiture de votre grand-mère ou celle de la table acajou de votre salle à manger.

CÉPAGE Certains cépages produisent des vins qui présentent des couleurs habituellement légères ou foncées. Le sauvignon blanc, le riesling et le chenin blanc (lorsqu'il est sec et jeune) produisent des vins blancs de couleur pâle. Les vins produits à partir du chardonnay, du viognier et du gewurztraminer (qui ont souvent une teinte rosée) sont généralement de couleur plus foncée Le pinot noir et le grenache produisent des vins rouges de couleur pâle, alors que le cabernet sauvignon, le zinfandel et la syrah donnent des vins de couleur plus foncée.

La couleur des vins blancs provient principalement du jus des raisins et présente diverses variations, allant du jaune citron avec des teintes de vert au jaune paille et à l'or rougeâtre. Les vins blancs fermentés et vieillis dans des fûts de chêne peuvent prendre une couleur or plus foncée.

La couleur des vins rouges provient du contact avec la pellicule des raisins au cours de la fermentation et varie de mauve à rouge cramoisi et à rouge et brun. Les vins rouges présentent ainsi une vaste gamme de couleurs qui facilitent l'identification du cépage et permettent de déterminer l'âge du vin.

La couleur des vins rosés varie d'orange à rose. La couleur des meilleurs rosés provient de la peau des raisins noirs. Ces peaux ou pellicules sont en contact avec le jus de raisin fermenté pendant une courte période.

RÉGION, CLIMAT ET TEMPÉRATURE Plus le climat est frais, plus la couleur du vin est pâle. Plus le climat est chaud, les raisins mûrs et les peaux épaisses, plus la couleur du vin est foncée. Les vins provenant des régions fraîches de Chablis en France ou de la Moselle en Allemagne prennent parfois une teinte verdâtre en raison de la chlorophylle contenue dans les raisins qui ne sont pas encore mûrs.

ÂGE DU VIN Les vins rouges et les vins blancs prennent une teinte brunâtre avec l'âge. Ce phénomène s'explique par l'exposition prolongée du vin à l'air qui se trouve dans la bouteille et qui a pour effet d'oxyder le vin. En vieillissant, les vins rouges perdent leur teinte mauve de jeunesse et la couleur rouge commence à se dissiper. Les vins blancs prennent une teinte plus foncée avec l'âge et deviennent roux doré.

TYPE DE VIN De façon générale, plus le vin est pâle, plus le corps ou le poids du vin est léger pour le palais. Pour les vins rouges, c'est l'intensité de la couleur plutôt que la couleur elle-même qui constitue le meilleur moyen d'identifier le type de vin.

PROFONDEUR DE LA COULEUR La couleur est-elle pâle ou intense? Est-elle uniforme? Si la couleur des vins rouges ou blancs est intense, cela peut signifier qu'il s'agit de vins corsés. La profondeur de la couleur d'un vin rouge est un bon indicateur de son âge. Il est possible d'identifier un vin plus âgé en raison de la dissolution des couleurs. La couleur commence par s'affaidir sur le rebord du verre pour devenir orange/brun, puis finit par adopter un teint blanc aqueux. Avec le temps, les pigments de couleurs se désintègrent en se déplaçant du rebord vers le centre du verre.

L'odeur

C'est le nez et non la langue qui donne le plus d'information au cours d'une dégustation. Il paraît que 80 % de nos sensations gustatives proviennent de l'odorat.

L'odeur d'un vin est appelée nez ou arôme, mais traditionnellement, les œnologues utilisent le terme bouquet.

CE QU'IL FAUT FAIRE
FAITES TOURNER LE VIN DANS LE VERRE

En augmentant la surface de contact du vin et son exposition à l'air, vous permettez au vin d'évoluer ou de « s'ouvrir » dans le verre.

INCLINEZ LE VERRE Inclinez légèrement le verre dans votre direction. Ce geste permettra également d'augmenter la surface de contact du vin.

PRENEZ UNE BRÈVE INSPIRATION Votre nez s'habitue facilement aux odeurs et vous voudrez qu'il reste le plus alerte possible, alors contentez-vous d'une brève inspiration.

PRENEZ QUELQUES AUTRES INSPIRATIONS Le vin se révélera davantage, mais n'oubliez pas que les premières impressions sont les plus marquantes.

CE QU'IL FAUT RECHERCHER

PROPRETÉ Le vin dégage-t-il une odeur propre ou malpropre, agréable ou désagréable ? Décider si un vin est ou non en bon état n'est pas la raison la plus importante pour humer un vin. Certains vins dégagent des odeurs que vous ne seriez pas porté à associer au vin. Ainsi, le riesling mûr dégage des arômes de pétrole et le pinot noir sent l'étable !

Ces odeurs ne doivent pas pour autant être interprétées comme étant indicatrices de défauts. Toutefois, des odeurs de chou moisi, de vieilles chaussettes, de poire, de vinaigre ou de carton sont révélatrices d'un problème de qualité. Voici quelques exemples d'imperfections :

VIN BOUCHONNÉ Un vin bouchonné dégage une odeur de carton souillé occasionnée par la présence d'un mauvais bouchon. Ce phénomène survient lorsqu'un bouchon est infecté par une substance appelée acide trichloroacétique (TCA).

OXYDATION On dit d'un vin qu'il est oxydé lorsqu'il perd ses arômes de fruit frais et devient rassis, ce qui se produit lorsque le vin est exposé à l'air. Ce phénomène peut être occasionné par un mauvais bouchon. Un vin oxydé tournera probablement en vinaigre.

SOUFRE Un vin qui a des problèmes de soufre dégage une odeur d'œuf cuit dur ou d'allumette. Il ne s'agit pas d'une odeur permanente et on peut l'éliminer en faisant tourner le vin dans le verre. L'odeur de soufre est causée par l'usage excessif d'anhydride sulfureux dans le processus de vinification. On emploie l'anhydride sulfureux principalement pour arrêter l'oxydation des vins blancs.

BOUQUET Le vin dégage-t-il une odeur fruitée, florale, végétale ou épicée ? Étonnamment, peu de vins sentent vraiment le raisin. Les raisins sont formés de composés chimiques similaires à ceux qu'on trouve dans les fruits, les légumes et les épices. Voilà pourquoi le vin nous rappelle toutes sortes d'odeurs familières au cours d'une dégustation. Les arômes nous aident à identifier les cépages utilisés dans la fabrication d'un vin et l'âge de ce vin. Les vins plus âgés ont tendance à dégager des odeurs plus aromatiques, plus épicées et moins fruitées que les vins plus jeunes. Veuillez consulter le schéma de la page suivante.

INTENSITÉ DU BOUQUET Le vin dégage-t-il une odeur légère ou prononcée ? Certains cépages sont plus aromatiques que d'autres.

Cépages aromatiques : dans les vins blancs, on retrouve le riesling, le gewurztraminer, le sauvignon blanc et le chenin blanc. Dans les vins rouges, on retrouve le pinot noir et le cabernet franc. L'intensité du bouquet indique l'origine d'un vin. Plus un vin est intense, plus il y a de possibilités qu'il se soit développé dans un climat chaud.

Les vins sont comparables à une vaste gamme de produits d'origine naturelle.

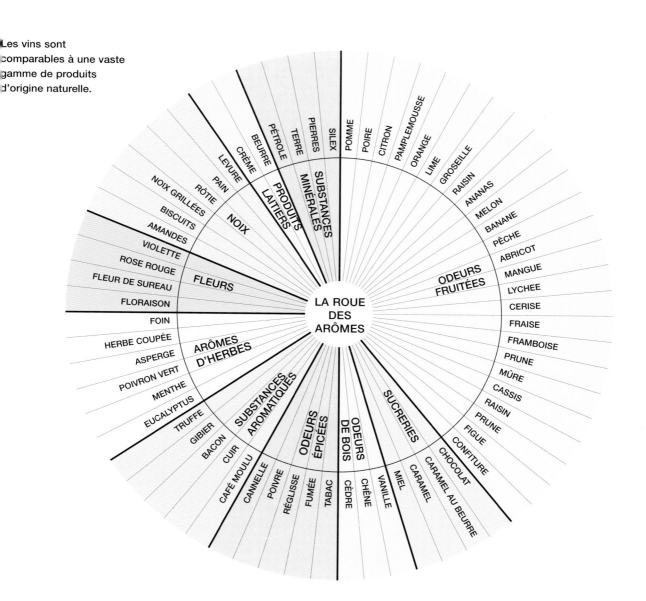

LA ROUE DES ARÔMES

SUBSTANCES MINÉRALES — SILEX, PIERRES, TERRE, PÉTROLE

PRODUITS LAITIERS — BEURRE, CRÈME, LEVURE, PAIN

NOIX — RÔTIE, NOIX GRILLÉES, BISCUITS, AMANDES

FLEURS — VIOLETTE, ROSE ROUGE, FLEUR DE SUREAU, FLORAISON

ARÔMES D'HERBES — FOIN, HERBE COUPÉE, ASPERGE, POIVRON VERT, MENTHE, EUCALYPTUS

SUBSTANCES AROMATIQUES — TRUFFE, GIBIER, BACON, CUIR

ODEURS ÉPICÉES — CAFÉ MOULU, CANNELLE, POIVRE, RÉGLISSE, FUMÉE, TABAC

ODEURS DE BOIS — CÈDRE, CHÊNE, VANILLE

SUCRERIES — MIEL, CARAMEL, CARAMEL AU BEURRE, CHOCOLAT, CONFITURE, FIGUE

ODEURS FRUITÉES — POMME, POIRE, CITRON, PAMPLEMOUSSE, ORANGE, LIME, GROSEILLE, RAISIN, ANANAS, MELON, BANANE, PÊCHE, ABRICOT, MANGUE, LYCHEE, CERISE, FRAISE, FRAMBOISE, PRUNE, MÛRE, CASSIS, RAISIN, PRUNE

Amertume

EMPLACEMENT
DES PAPILLES
GUSTATIVES
SUR LA
LANGUE

Acidité

Acidité

Salinité

Teneur en sucre

Certaines parties de la langue sont sensibles à des sensations particulières comme l'acidité ou la teneur en sucre (sucrosité).

Le goût

Il est plus difficile d'évaluer un vin par le goût que par la vue ou l'odorat, car il reste peu longtemps en bouche. La plus grande partie des papilles gustatives sont situées dans des régions de la langue qui sont sensibles à des sensations particulières comme l'acidité ou la sucrosité. Le goût fournit les pièces manquantes du casse-tête et permet de tirer des conclusions sur la qualité et l'âge du vin, et, par-dessus tout, de déterminer si nous l'aimons ou non.

CE QU'IL FAUT FAIRE
FAITES TOURNER UNE GORGÉE DE VIN DANS VOTRE BOUCHE
Ce geste permettra à chacune des papilles gustatives de votre langue d'entrer en contact avec le vin. Pour ce faire, gardez-le dans la bouche pendant quelques secondes. Les dégustateurs professionnels aspirent de l'air en même temps pour augmenter le contact du vin avec l'air et permettre au vin de se dévoiler au palais.

CRACHEZ LE VIN DANS UN PICHET Il ne s'agit pas d'une pratique obligatoire. Tout dépend de l'importance de la dégustation et du nombre de vins à déguster. Vous pouvez vous entraîner au-dessus d'un évier.

CE QU'IL FAUT RECHERCHER
Dans une dégustation de vin, le participant est en quête des divers éléments qui composent le goût général du vin (l'ensemble des sensations produites en bouche par un vin). Les éléments essentiels du goût, soit la teneur en sucre, l'acidité, le tanin et l'alcool, composent la structure d'un vin. Le corps et la texture d'un vin, soit les sensations tactiles buccales, nous permettent d'explorer une autre dimension du vin.

Le caractère d'un vin provient principalement de ses arômes et de leur intensité. L'équilibre général du vin et sa longueur en bouche nous aident à tirer des conclusions.

SAVEUR ÉLÉMENTAIRE

SUCROSITÉ Le vin est-il sec, moyen ou doux? La sucrosité se détecte sur l'extrémité de la langue et est associée davantage aux vins blancs qu'aux vins rouges, car la plupart des vins rouges sont fermentés à sec. Toute présence de sucrosité dans les vins rouges secs provient des arômes de fruits sucrés.

La sucrosité d'un vin résulte principalement du sucre qui reste dans les raisins mûrs par suite de la fermentation. Il s'agit là d'un élément que le vinificateur peut contrôler.

Il est possible d'obtenir une concentration du sucre dans les raisins en retardant la date de récolte des raisins. Ce phénomène a pour nom *vendanges tardives.* Il arrive parfois, dans des conditions climatiques particulières, que la pellicule des raisins soit la cible de la pourriture noble ou *botrys cinerea.* Le cas échéant, le jus devient extrêmement concentré et confère au vin un goût de miel particulier.

Termes associés à la sucrosité: maturité gustative, semi-doux, très doux, riche.

Variétés de cépages doux: (cépages blancs seulement): furmint (qui produit le tokay en Hongrie), chenin blanc (qui produit le vouvray demi-sec ou moelleux de la Loire), assemblage de muscat, de riesling, de sémillon et de sauvignon (qui est à l'origine du sauternes, dans le Bordelais).

Termes associés au caractère sec d'un vin: légèrement sec, sec, très sec.

Lorsqu'un vin rouge est prêt à boire, son goût devrait être souple.

Variétés de cépages secs : (blancs) : melon de bourgogne (qui produit le muscadet de la Loire), sauvignon blanc (qui produit le sancerre et le pouilly-fumé de la Loire), chardonnay (qui produit le chablis français), chenin blanc (qui produit le savennières et le vouvray sec de la Loire).

ACIDITÉ Le vin présente-t-il un niveau d'acidité léger, moyen ou élevé ? L'acidité se détecte sur les côtés de la langue et présente un goût sur, similaire à celui du citron, qui fait saliver.

L'acidité se forme naturellement dans les raisins et joue un rôle important dans l'équilibre de la sucrosité. Les vins blancs contiennent plus d'acidité naturelle que les vins rouges.

Plus le fruit est mûr, plus le taux de sucre est élevé et le niveau d'acidité, bas. Les vins produits dans des climats frais ont tendance à présenter des niveaux d'acidité élevés. Dans les pays où règnent ces climats, on essaie de réduire l'acidité et de maximiser la maturité gustative, alors que dans des climats plus chauds, on maximise les niveaux d'acidité pour équilibrer les niveaux de maturité des fruits.

Termes associés à un taux d'acidité élevé : rafraîchissant, vif, met l'eau à la bouche, franc, âpre.

Variétés de cépages à l'acidité élevée : cépages blancs : sauvignon blanc, riesling et chenin blanc ; cépages rouges : cabernet franc, pinot noir, sangiovese, nebbiolo et gamay.

Variétés de cépages peu acides : cépages blancs : sémillon, viognier, marsanne et gewurztraminer ; cépages rouges : cabernet sauvignon, merlot et syrah.

Termes associés à un manque d'acidité : fade, gras (glycériné), mou, frais et léger (vins doux).

TANIN Le vin présente-t-il un niveau de tanin léger, moyen ou élevé ? Le tanin se détecte à l'arrière de la langue et sur les côtés de la bouche. Il a un goût amer et fait penser à une tasse de thé fort qui rend la bouche pâteuse.

Le tanin provient de la pellicule des raisins et se retrouve principalement dans les vins rouges puisqu'on utilise les pellicules pendant la fabrication. Plus les pellicules d'un cépage sont épaisses, plus son niveau de tanin est élevé. Le tanin a son importance puisqu'il contribue à la préservation et au vieillissement du vin. Il peut également provenir des barils de chêne que l'on utilise dans la production du vin. Les nouveaux barils de dimensions plus modestes « libèrent » plus de tanin dans le vin.

Lorsqu'un vin rouge est prêt à boire, les tanins devraient être intégrés aux autres éléments du vin et celui-ci devrait avoir un goût souple.

Termes associés à des niveaux de tanin élevés ou à des tanins non intégrés : âcre, dur, prononcé, agressif, âpre.

Variétés de cépages dont le niveau de tanin est élevé : (cépages rouges seulement) : cabernet sauvignon, syrah, nebbiolo et sangiovese.

Termes associés à des niveaux de tanin peu élevés ou à des tanins intégrés : moelleux, tendre, bien intégré, souple.

Variétés de cépages dont le niveau de tanin est peu élevé : (cépages rouges seulement) : pinot noir, gamay et cabernet franc.

ALCOOL Le niveau d'alcool est-il faible, moyen ou élevé ? L'alcool se détecte à l'arrière de la gorge et se caractérise par une sensation de réchauffement.

Les pays plus chauds ont tendance à produire des vins dont les taux d'alcool sont plus élevés. Les raisins plus mûrs contiennent davantage de sucre se transformant en niveaux d'alcool plus élevé pendant la fermentation. Le taux d'alcool des vins peut varier d'environ 8 % pour les vins blancs allemands à 14,5 % ou davantage pour les vins rouges et les vins blancs produits dans des endroits où le climat est plus chaud, comme l'Australie et la Californie. Les portos, qui sont fortifiés avec de l'eau-de-vie, présentent des niveaux d'alcool supérieurs.

ermes associés aux niveaux d'alcool plus élevés : fougueux, saveur cuisante.

ariétés de cépages dont les niveaux d'alcool sont élevés : cépages blancs :
hardonnay, sémillon, chenin blanc, viognier, marsanne et gewurztraminer ; cépages
ouges : cabernet sauvignon, nebbiolo, sangiovese, syrah, grenache et zinfandel.

ermes associés à des niveaux d'alcool peu élevés : aqueux, manque de charpente.

ariétés de cépages dont les niveaux d'alcool sont peu élevés : cépages blancs :
iesling et muscat ; cépages rouges : cabernet franc et gamay.

CORPS Le vin est-il léger, moyen ou corsé ? Procure-t-il une sensation de lourdeur ou
e légèreté en bouche ? Le corps fait référence au poids et à la charpente d'un vin en
ouche, qui donne une épaisseur au goût. Le corps d'un vin est défini par son niveau
'alcool et sa concentration de fruits.

ariétés de cépages produisant des vins corsés : cépages blancs : chardonnay,
émillon, viognier, marsanne et gewurztraminer ; cépages rouges : cabernet sauvignon,
yrah, zinfandel et nebbiolo.

ariétés de cépages produisant des vins légers : cépages blancs : riesling, sauvignon
lanc, chenin blanc (jeune) et melon de bourgogne (qui produit le muscadet de la
oire) ; cépages rouges : gamay, dolcetto, cabernet franc, pinot noir et barbera.

TEXTURE Quelle sensation le vin vous procure-t-il en bouche ? Est-il souple ou
ulgaire ? La texture d'un vin fait référence à ses qualités tactiles et est souvent
comparée à des tissus comme la soie.

La texture d'un vin est influencée par de nombreux facteurs : le degré d'alcool, le
iveau de tanin, la concentration de fruits et, par-dessus tout, l'équilibre de tous les
composants qui constituent le vin.

ermes associés aux qualités texturales : souple, doux, velouté, soyeux, crémeux, riche,
pulent, moelleux, huileux et cireux.

ariétés de cépages qui présentent des qualités texturales : cépages blancs :
hardonnay, gewurztraminer, chenin blanc (vieilli et doux) et sémillon ; cépages
ouges : pinot noir, tempranillo, nebbiolo, cabernet sauvignon et syrah.

ermes associés au manque de texture : âpre, granuleux, aqueux, dilué.

CARACTÈRE

SAVEUR Quel est le goût du vin ? Ses saveurs évoquent-elles des fruits, des fleurs, des épices ou des herbes ?

Les saveurs des vins proviennent principalement des variétés de cépages utilisées. Celles-ci sont similaires aux arômes qui se révèlent lorsqu'on hume le vin. La plupart des cépages possèdent des arômes et des goûts particuliers. Les vins rouges plus vieux sont généralement plus aromatiques et épicés, alors que les vins blancs plus âgés goûtent davantage le miel. Les vins jeunes ont généralement des saveurs fruitées.

Termes associés : voir Roue des arômes (p. 33) et Principaux cépages (pp. 48 à 55).

INTENSITÉ DE SAVEUR Les saveurs sont-elles faibles ou prononcées ? Cette question fait référence au degré de concentration des saveurs d'un vin.

Termes associés aux saveurs prononcées : concentré, intense.

Variétés de cépages produisant des vins aux saveurs prononcées : cépages blancs : sauvignon blanc, riesling, muscat, gewurztraminer, viognier et chenin blanc (âgé et doux) ; cépages rouges : cabernet sauvignon, cabernet franc, tempranillo et syrah.

Termes associés à des saveurs faibles : dilué, aqueux, insipide.

CONCLUSIONS

ÉQUILIBRE Le vin est-il bien ou mal équilibré ? L'équilibre fait référence au degré d'harmonie atteint par les divers composants d'un vin jugé dans son ensemble. Les composants d'un vin mal équilibré demeurent isolés et décelables.

Tout vin devrait avoir atteint un certain équilibre au moment où il est prêt à être consommé. Certains vins fins prennent plus de temps avant de parvenir à cette étape. L'équilibre est un signe de qualité, ce qui n'est pas nécessairement vrai pour le prix.

LONGUEUR Le goût du vin reste-t-il peu de temps, moyennement longtemps ou longtemps en bouche ? Combien de temps le goût du vin reste-t-il en bouche après qu'on l'a avalé ou craché ? Généralement, plus le goût reste longtemps en bouche, plus le vin est de qualité.

Les notes de dégustation
s'avèrent parfois utiles
à consulter en vue de
dégustations ultérieures.

CONCLUSIONS DE DÉGUSTATION

Maintenant que nous avons rassemblé toutes les pièces du casse-tête en tenant compte des réactions de tous les sens mobilisés, le temps de venu de tirer des conclusions. Le plus important est de savoir si vous aimez ou non un vin particulier.

QUALITÉ L'évaluation de la qualité est certainement l'une des plus importantes conclusions qu'on puisse tirer à propos d'un vin. La qualité d'un vin est déterminée par son équilibre ou son potentiel à devenir équilibré au terme du vieillissement, par sa complexité et par sa longueur en bouche.

Un vin complexe possède toute une diversité de saveurs, souvent découvertes de façon successive, car il arrive souvent que la découverte se fasse en toute subtilité, quand les saveurs sont plus délicates qu'envahissantes. C'est ce qu'on appelle la finesse.

Essayez d'évaluer si un vin a comblé vos attentes en tenant compte de son prix, de sa classification, du producteur ou du millésime.

MATURITÉ Décider si un vin est prêt ou non à boire ou le temps qu'il lui faut pour le devenir est un autre aspect important de la dégustation. Le vin fin bénéficie du vieillissement en fût de chêne et en bouteille. Il devient plus souple et moins fruité, et il développe un spectre de saveurs plus complexe. Il est difficile d'établir avec exactitude à quel moment le vin est à son meilleur. Plusieurs facteurs influencent le choix du moment. : le millésime, le cépage, la région, le producteur et les conditions dans lesquelles il a été conservé après avoir été mis en bouteille. Goûter au vin à intervalles réguliers est un excellent moyen de suivre le développement d'un vin.

NOTES DE DÉGUSTATION La rédaction de notes de dégustation exige l'interprétation de sensations, ce qui n'est pas nécessairement évident. Essayez de trouver des mots familiers et significatifs.

Les notes de dégustation peuvent s'avérer utiles en vue de dégustations ultérieures. Elles vous aideront à garder en mémoire les sensations que vous ont procurées les vins dont vous avez fait l'essai. Accorder une note au vin ou en faire une évaluation sommaire vous permettra de consulter rapidement vos fiches de dégustation et de vous souvenir des vins que vous avez préférés.

Le modèle de fiche de dégustation proposé dans ce livre (en page 46) vous sera utile pour créer vos propres fiches de dégustation. Faites-en une photocopie et utilisez cette fiche comme aide-mémoire des éléments à prendre en compte dans le cadre d'une dégustation de vins. Commencez par inscrire tous les détails sur le vin, y compris le nom du producteur, et indiquez-en le millésime, car sans cette information, vos fiches n'auraient aucune valeur. Pendant la dégustation, vous pouvez encercler les termes appropriés ou ajouter des expressions de votre cru. Pour terminer, essayez de décrire votre impression générale du vin en soulignant ses principales caractéristiques. Par exemple : «Vin de couleur rouge pâle avec des arômes prononcés d'amandes et de cerises. Dévoile au palais un goût riche de confiture aux fraises avec des tanins doux et une finale persistante.»

FICHE DE DÉGUSTATION DE VINS

NOM DU VIN (y compris le millésime, l'identité du producteur, la région, etc.)

Lieu de l'achat :
Date de l'achat :
Prix de détail :

SENS – CE QU'IL FAUT RECHERCHER	TERMES À UTILISER – LESQUELS S'APPLIQUENT À CE VIN ?	OBSERVATIONS DES CARACTÉRISTIQUES PRINCIPALES
VUE		
Limpidité	limpide, insipide	
Bulles	pétillant, tranquille	
Épaisseur	huileux, aqueux	
Dépôts	présence, absence	
Couleur : blanc	citron, or	
Couleur : rouge	mauve, rouge cramoisi, rouge et brun	
Couleur : rosé	orange, rose	
Profondeur de la couleur	pâle, intense (sur le rebord et au centre du verre)	
ODEUR		
Propreté	propre, sale	
Arôme	fruité, floral, végétal, épicé	
Intensité de l'arôme	faible, prononcé	
GOÛT		
Douceur	sec, moyen, doux	
Acidité	faible, moyenne, élevée	
Tanin	faible, moyen, élevé	
Alcool	faible, moyen, élevé	
Arôme	fruité, floral, végétal, épicé	
Intensité de l'arôme	faible, prononcée	
Équilibre	bon, déséquilibré	

Texture	souple, grossière	
CONCLUSIONS		
Qualité	médiocre, acceptable, bonne	
Maturité	immature, prêt à boire, trop âgé	
ÉVALUATION GLOBALE		

ATTRIBUEZ une note au vin, résumant votre impression générale, sur une échelle de 1 à 20 points.

Faites une photocopie de cette fiche afin de l'utiliser dans vos propres dégustations de vins. N'oubliez pas d'employer des mots significatifs qui vous sont familiers et qui vous serviront de référence ultérieure.

Principaux cépages

CHARDONNAY

SAVEURS PRINCIPALES Melon, noix, beurre, ananas, pomme, vanille (s'il est vieilli en fût de chêne).

CARACTÉRISTIQUES Souple, teneur élevée en alcool, ne possède pas de caractéristiques prononcées et réagit à son environnement, acidité moyenne à élevée, aime le chêne, est meilleur jeune, à l'exception du chardonnay de la région de Bourgogne.

PRINCIPALES RÉGIONS Bourgogne, Champagne (assemblé avec du pinot noir et du pinot meunier), Australie, Californie, Afrique du Sud, Nouvelle-Zélande.

SAUVIGNON BLANC

SAVEURS PRINCIPALES Asperge, groseille, herbe.

CARACTÉRISTIQUES Aromatique, acidité élevée, souvent assemblé avec le sémillon pour produire des vins doux et secs, ne vieillit bien en fût de chêne que mélangé avec d'autres cépages, vieillit uniquement lorsqu'il est assemblé avec d'autres cépages.

PRINCIPALES RÉGIONS Loire (pouilly-fumé et sancerre), Bordelais (péssac-leognan lorsqu'il est assemblé avec d'autres cépages), Nouvelle-Zélande, Chili, Californie et Australie.

SÉMILLON

SAVEURS PRINCIPALES Figue, lime, herbe coupée, citron, nectarine (vins secs). Cire, miel, orange, rôtie (vins doux).

CARACTÉRISTIQUES Corps lourd, texture cireuse, acidité peu élevée, teneur élevée en alcool, souvent assemblé avec le sauvignon blanc pour produire des vins secs et doux, n'aime pas le fût de chêne à moins d'être assemblé avec d'autres cépages, vieillit bien lorsqu'il est assemblé avec d'autres cépages, sujet à la pourriture noble.

PRINCIPALES RÉGIONS Vins secs: Bordelais (péssac-leognan lorsqu'il est assemblé avec d'autres cépages), Australie (vallées Hunter et Barossa en Australie occidentale). Vins doux: Bordelais (sauternes et barsac assemblés avec le sauvignon blanc), Australie.

CHENIN BLANC

SAVEURS PRINCIPALES Amande, citron, pomme, paille humide, fleurs (vins secs). Miel, laine humide, épice, cire d'abeille (vins doux).

CARACTÉRISTIQUES Acidité élevée, n'aime pas le chêne, teneur élevée en alcool, âcre, nombreux styles différents, peut vieillir et devenir un vin doux ou un vin sec et puissant.

PRINCIPALES RÉGIONS Vins secs: Loire, Afrique du Sud. Vins doux: Loire (vouvray, coteaux-du-layon).

RIESLING

SAVEURS PRINCIPALES Rhubarbe, florale, minérale, pomme verte, lime. Pétrole, miel (avec l'âge).

CARACTÉRISTIQUES Teneur faible à moyenne en alcool, acidité élevée, n'aime pas le chêne (surtout le jeune chêne), produits des vins secs et doux de type vendanges tardives, sujet à la pourriture noble, aromatique.

PRINCIPALES RÉGIONS Allemagne (Moselle, Pfalz, Nahe, Rheingau, Rheinhessen), Autriche, Alsace, Australie, Nouvelle-Zélande et États-Unis.

GEWURZTRAMINER

SAVEURS PRINCIPALES Lychees, loukoum, pétales de rose.

CARACTÉRISTIQUES Goût très particulier à acquérir, aromatique, son acidité faible et sa teneur élevée en alcool lui donnent une texture huileuse, n'aime pas le chêne, ne produit que des vins doux en vieillissant, vins doux et vendanges tardives, se boit jeune.

PRINCIPALES RÉGIONS Alsace.

IOGNIER

SAVEURS PRINCIPALES Pêches, abricot, muscade, crème.
CARACTÉRISTIQUES Teneur élevée en alcool, acidité
ible, texture riche, meilleur jeune, qualités aromatiques
rticulières.
PRINCIPALES RÉGIONS Nord du Rhône (Condrieu),
nguedoc-Roussillon, Californie, Australie et Amérique
Sud.

MUSCAT

SAVEURS PRINCIPALES Raisin, fleur d'oranger.
CARACTÉRISTIQUES Vaste gamme de vins, surtout
semi-doux à doux, légers et teneur naturellement faible
en alcool, peut être fortifié.
PRINCIPALES RÉGIONS Rhône (surtout la clairette de
Die et le vin doux naturel), sud de la France, nord de
l'Italie (surtout moscato d'Asti et asti spumante), Australie
(surtout la liqueur muscat de Rutherglen, Victoria),
Californie, Afrique du Sud.

MARSANNE

SAVEURS PRINCIPALES Massepain, amande.
CARACTÉRISTIQUES Teneur élevée en alcool, acidité
ible, souvent assemblé avec la roussanne, texture
urde pour le palais.
PRINCIPALES RÉGIONS Nord du Rhône (hermitage),
id de la France, Australie et Californie.

CABERNET SAUVIGNON

SAVEURS PRINCIPALES Cassis, menthe, chocolat, tabac, cèdre, boîte à cigares.

CARACTÉRISTIQUES Polyvalent, couleur foncée, tanin élevé, bon potentiel de vieillissement, influence du chêne, meilleur lorsqu'il est assemblé avec le merlot et le cabernet franc.

PRINCIPALES RÉGIONS Bordelais (surtout le Médoc lorsqu'il est assemblé avec d'autres cépages), Australie, Chili et États-Unis.

PINOT NOIR

SAVEURS PRINCIPALES Violettes, cerise, odeur d'étable (avec l'âge), terreuse.

CARACTÉRISTIQUES Texture riche et soyeuse, connaî du succès comme cépage pur, assemblé dans la région de Champagne, influence du chêne, bon potentiel de vieillissement, pellicule mince et de couleur pâle, délica et faible en tanin, acidité élevée.

PRINCIPALES RÉGIONS Bourgogne, Champagne (assemblé avec le chardonnay et le pinot meunier), Nouvelle-Zélande (Martinborough), États-Unis (Oregon e Carneros, en Californie), Australie (surtout Victoria et la Tasmanie).

YRAH/SHIRAZ

SAVEURS PRINCIPALES Poivre noir, groseille rouge,
ûres, tabac, fumée, caoutchouc brûlé.

CARACTÉRISTIQUES Teneur élevée en alcool, tanin
evé, acidité moyenne, fait bon ménage avec le jeune
êne, produit des vins en tant que cépage pur et
semblé, bon potentiel de vieillissement.

PRINCIPALES RÉGIONS Nord du Rhône (côte-rôtie et
ermitage), sud du Rhône (surtout le châteauneuf-du-pape
rsqu'il est assemblé avec d'autres cépages), Australie
allées de Barossa et de Hunter ainsi que McLaren Vale),
ats-Unis (États de la Californie et de Washington).

MERLOT

SAVEURS PRINCIPALES Café, prunes mûres, gâteau
aux fruits, poivre noir.

CARACTÉRISTIQUES Acidité faible, texture molle et
niveaux de tanin faibles, juteux, habituellement assemblé
avec le cabernet sauvignon et le cabernet franc, influence
du chêne, vieillit bien et produit des vins de qualité.

PRINCIPALES RÉGIONS Bordelais (surtout
Saint-Émilion et Pomerol lorsqu'il est assemblé avec
d'autres cépages), Chili, États-Unis (États de Washington
et de la Californie), Argentine, Afrique du Sud
et Australie.

CABERNET FRANC

SAVEURS PRINCIPALES Copeaux de crayon, framboise, tabac, herbe.

CARACTÉRISTIQUES Couleur pâle, tanin faible, aromatique, acidité élevée, corps léger, vin de cépage qui doit être bu rapidement lorsqu'il n'est pas assemblé avec d'autres cépages, texture fine.

PRINCIPALES RÉGIONS Bordelais (assemblé avec le cabernet sauvignon et le merlot), Loire (surtout Chinon, Saint-Nicolas de Bourgueil, Saumur et Champigny), Amérique du Sud.

GRENACHE

SAVEURS PRINCIPALES Réglisse, framboise, fumée, herb

CARACTÉRISTIQUES Généralement assemblé avec d'autres cépages, teneur élevée en alcool, produit des vi de styles variés (légers à puissants), acidité faible.

PRINCIPALES RÉGIONS Sud du Rhône (châteaneuf-du-pape, vacqueyras, gigondas, côtes-du-rhône), sud de la France, Espagne, Australie.

GAMAY

SAVEURS PRINCIPALES Fraise, gomme à boules, banane

CARACTÉRISTIQUES Acidité élevée, tanin faible, produit un vin destiné à une consommation rapide, n'aime pas le chêne, généralement utilisé en tant que cépage pur.

PRINCIPALES RÉGIONS Beaujolais (particulièrement les dix crus beaujolais) et Loire.

SANGIOVESE

SAVEURS PRINCIPALES Thé froid, herbe, cerise noire.
CARACTÉRISTIQUES Couleur moyenne, mi-corsé,
tanin et acidité élevés, souvent assemblé avec
d'autres cépages, développe une teinte orange en
vieillissant.
PRINCIPALES RÉGIONS Italie (surtout le brunello
di Montalcino et le chianti) et Amérique du Sud.

ZINFANDEL

SAVEURS PRINCIPALES Bleuet, mûre, épices mélangées.
CARACTÉRISTIQUES Juteux, teneur élevée en alcool,
devient très mûr, forte concentration de fruit, couleur
foncée.
PRINCIPALES RÉGIONS Californie (particulièrement
Sonoma) et sud de l'Italie (connu sous le nom
de primitivo).

TEMPRANILLO

SAVEURS PRINCIPALES Vanille, fraise, tabac.
CARACTÉRISTIQUES Acidité et tanin moyens,
généralement utilisé avec d'autres cépages, souple
et odorant, aime le chêne américain.
PRINCIPALES RÉGIONS Espagne (surtout la Rioja,
Ribera del Duero, la Navarre et Valdepeñas) et
Amérique du Sud.

NEBBIOLO

SAVEURS PRINCIPALES Prunes, roses, truffe, cuir,
goudron (avec l'âge).
CARACTÉRISTIQUES Acidité, tanin et teneur en alcool
élevés, aime le jeune chêne, puissant, couleur moyenne.
PRINCIPALES RÉGIONS Piémont, en Italie du Nord
(particulièrement Barolo et Barbaresco).

Les accords entre les aliments et les vins

Combiner les plaisirs du vin et de la nourriture est une des grandes joies de l'existence, particulièrement lorsque ces plaisirs sont partagés avec la famille et les amis. Toutefois, choisir le vin qui s'harmonise le mieux avec un plat particulier peut sembler ardu.

Il est rassurant de savoir que la plupart des vins s'accordent avec la plupart des aliments. Il n'existe pas de bons et de mauvais accords, car tout est question de goût. Ne vous laissez pas intimider par la vaste sélection de vins actuellement offerts sur le marché, mais utilisez plutôt ces choix à votre avantage. Ce qui importe, c'est d'avoir du bon temps et ne pas craindre les nouvelles expériences. Il est possible qu'un agencement vin-aliments improvisé s'avère un délice béni des dieux et vous permette de vivre une expérience inoubliable.

OUBLIEZ LA COULEUR DES VINS L'accord des aliments et des vins se fait davantage en fonction de l'intensité de la saveur des vins que de leur couleur.

On a souvent associé le vin rouge au fromage, mais c'est loin d'être un accord idéal, car ce sont souvent des vins blancs demi-secs qui accompagnent le mieux les fromages. Plusieurs fromages ont un goût pâteux, incompatible avec la plupart des vins rouges. Toutefois, si vous préférez le vin rouge, optez pour un vin dont le niveau de tanin est faible pour accompagner ce type de fromages. Les vins rouges corsés font un heureux mariage avec les fromages à pâte dure et à saveur prononcée.

Les vins blancs sont réputés pour leur bon accord avec le poisson. C'est l'iode du poisson et le tanin du vin rouge qui donnent un goût métallique. Choisissez soit un vin blanc ou, si vous préférez le vin rouge, allez-y pour un vin faible en tanin comme un pinot noir, un gamay ou un barbera.

AGENCEZ LES SAVEURS SELON LEUR INTENSITÉ Lorsque vous associez mets et vins, essayer de penser au poids et à l'intensité de la saveur des aliments. Choisissez un vin

dont la puissance est similaire au plat. Pour vous faciliter la tâche, considérez le vin comme une sauce que vous ajouteriez à la nourriture. Plus la saveur d'un aliment est forte, plus le vin doit être corsé, à moins que vous ne décidiez d'opter pour un vin léger et de laisser la nourriture prendre le dessus ou vice-versa.

Un plat comporte parfois des types de saveurs dominants comme la sucrosité et l'acidité, dont il faut tenir compte pour trouver le vin qui convient. Vous pouvez choisir un vin, soit qui va accentuer les saveurs dominantes soit qui fera contraste avec ces saveurs.

RICHESSE L'acidité du vin peut offrir un contraste agréable avec un mets riche.

ACIDITÉ Choisissez un vin dont le niveau d'acidité est égal à celui de la nourriture.

SUCROSITÉ Choisissez un vin dont le taux de sucre est égal ou plus prononcé que celui du plat.

SALINITÉ Créez un contraste en mariant un aliment salé avec un vin doux, comme un stilton avec un porto.

Types de vins blancs

VINS FRAIS ET SECS

EXEMPLES DE CÉPAGES Chenin blanc jeune (par exemple, d'Afrique du Sud), sauvignon blanc (par exemple sancerre, pouilly-fumé de la Loire), chardonnay (par exemple, chablis français non vieilli en fût), melon de bourgogne (par exemple, muscadet de la Loire).

CES VINS S'ACCORDENT PARFAITEMENT avec des salades, des poissons délicatement épicés, des pâtes garnies de fruits de mer, des huîtres (tout particulièrement le chablis), des fruits de mer (surtout le muscadet), du poulet et des fromages de chèvre.

VINS DEMI-SECS AROMATISÉS

EXEMPLES DE CÉPAGES Riesling, muscat, viognier, gewurztraminer, tokay, pinot gris, chenin blanc (par exemple, vouvray de la Loire).

CES VINS S'ACCORDENT PARFAITEMENT avec des saveurs orientales épicées, le foie gras (surtout le tokay-pinot-gris) et les fromages à pâte molle comme le camembert ou le brie.

VINS RICHES ET CORSÉS

EXEMPLES DE CÉPAGES Chardonnay (par exemple, d'Australie, d'Amérique du Nord, d'Amérique du Sud, d'Afrique du Sud, de la Nouvelle-Zélande et de la Bourgogne), viognier (par exemple, Condrieu, dans le nord du Rhône), assemblage de marsanne et de roussanne (par exemple, hermitage du nord du Rhône), sémillon (de l'Australie).

CES VINS S'ACCORDENT PARFAITEMENT avec des poissons comme le turbot, le homard (surtout un chardonnay du nouveau monde), des poissons huileux comme le maquereau et les sardines, le saumon fumé, le crabe, les crevettes, les pétoncles, la volaille, surtout en sauce, le porc, le veau et les pâtes crémeuses.

VINS DOUX

EXEMPLES DE CÉPAGES

Semi-doux : muscat (par exemple, asti spumante et moscato du Piémont, en Italie), riesling (par exemple, auslese et beerenauslese d'Allemagne et vendanges tardives de l'Alsace), chenin blanc (moelleux, par exemple, coteau-du-layon de la Loire).

Doux : muscat (par exemple, vin doux naturel du Rhône et muscat doux de Californie), riesling (par exemple, trockenbeerenauslese d'Allemagne), furmint (par exemple., tokay de Hongrie), gewurztraminer (par exemple, vendanges tardives de l'Alsace),

assemblage de sémillon et sauvignon blanc (par exemple, sauternes ou barsac du Bordelais).

Très doux : muscat (par exemple, liqueur australienne de Rutherglen, Victoria.)

CES VINS S'ACCORDENT PARFAITEMENT avec les desserts, le foie gras et les fromages bleus.

Types de vins rosés

EXEMPLES DE CÉPAGES Cabernet franc (par exemple, rosé-d'Anjou de la Loire), pinot noir (par exemple, sancerre rosé de la Loire), assemblage de grenache et de cinsault (par exemple, tavel rosé du sud du Rhône), mourvèdre (par exemple, rosé de Provence).

CES VINS S'ACCORDENT PARFAITEMENT avec les pâtes, la pizza, le poisson, les viandes froides, le jambon, le salami, les pâtés, les pique-niques et les grillades.

Types de vins rouges

VINS LÉGERS ET FRUITÉS

EXEMPLES DE CÉPAGES Gamay (par exemple, beaujolais), pinot noir (par exemple, bourgogne et sancerre rouge de la Loire), tempranillo (par exemple, rioja non vieilli en fût de chêne et ribera del duero), dolcetto (par exemple, dolcetto du Piémont, en Italie), cabernet franc (par exemple, chinon et saint-nicolas-de-bourgueil, dans la Loire).

CES VINS S'ACCORDENT PARFAITEMENT avec les pâtes, la pizza, le poisson, les viandes froides, le jambon, le salami, les pâtés, les pique-niques et les grillades.

VINS SOUPLES ET MI-CORSÉS

EXEMPLES DE CÉPAGES Tempranillo (par exemple, dans des fûts de chêne, dans la Rioja, en Espagne), syrah (par exemple, crozes-hermitage du nord du Rhône), cabernet sauvignon (par exemple, du sud de la France), merlot (par exemple, du nouveau monde et du sud de la France), pinot noir (par exemple, de la Bourgogne et du nouveau monde), sangiovese (par exemple, chianti en Toscane, en Italie), assemblage de grenache et de syrah (par exemple, côtes-du-rhône), assemblage de cabernet sauvignon et de merlot (par exemple, du Bordelais).

CES VINS S'ACCORDENT PARFAITEMENT avec du gibier légèrement épicé (faisan, sanglier, lapin, caille, canard), le camembert (surtout un pinot noir), le porc, le veau, la volaille, les viandes rouges et les ragoûts.

VINS CORSÉS

EXEMPLES DE CÉPAGES Syrah/Shiraz (par exemple, cornas, côte-rôtie ou hermitage du nord du Rhône), cabernet sauvignon (par exemple, du nouveau monde), nebbiolo (par exemple, barolo, dans le Piémont, en Italie), zinfandel (par exemple, de la Californie), assemblage de grenache et de syrah (par exemple, châteauneuf-du-pape, du sud du Rhône), assemblage de cabernet sauvignon et de merlot (par exemple, du nouveau monde), assemblage de shiraz et de cabernet sauvignon (par exemple, du nouveau monde).

CES VINS S'ACCORDENT PARFAITEMENT avec du gibier épicé (lièvre, venaison, pigeon), des viandes rouges comme le bœuf et l'agneau, et les fromages forts.

Glossaire

ACIDITÉ Désigne l'intensité d'un vin.

AÉRATION Mise en contact du vin avec l'air pour en accélérer le développement.

ALCOOL Sucre des cépages mûrs qui se transforment en alcool pour produire le vin.

ANCIEN MONDE Expression désignant les pays qui ont une longue tradition en tant que producteurs de vin, soit des pays européens.

AROMATIQUE Cépage parfumé.

ARÔME Odeur d'un vin.

ASSEMBLAGE Mélange de divers cépages.

BOTRYTIS CINEREA Communément appelée pourriture noble, elle occasionne une grande concentration des saveurs et des sucres, et produit des vins très doux.

BOUCHONNÉ Défaut d'un vin contaminé par un mauvais bouchon. Ce vin dégage une odeur de moisi.

BOUQUET Odeur d'un vin.

CÉPAGE PUR Cépage qui n'est pas mélangé avec d'autres pour produire un vin.

CHARPENTE (ossature) Structure d'un vin.

CŒUR Couleur d'un vin observé au centre d'un verre.

COMPLEXITÉ Vins possédant diverses saveurs.

CONCENTRATION Profondeur, richesse et intensité du fruit dans un vin.

CORPS Poids et mâche (plénitude) d'un vin sur le palais.

CORSÉ Vin dont la teneur en alcool et la concentration des fruits sont élevées.

CRISTAUX DE TARTRE Cristaux inoffensifs qu'on retrouve dans les vins blancs et les vins rouges.

DÉCANTAGE Opération qui consiste à transvaser le vin d'une bouteille dans une décanteuse ou un pichet.

DISSOLUTION Désintégration des pigments de couleur dans les vieux vins rouges.

DOUX Vin rond, fruité et contenant peu de tanin.

ÉQUILIBRE Combinaison harmonieuse des acides, des tanins, de l'alcool, du fruit et de la saveur d'un vin.

EXTRAIT Concentration de fruit dans un vin.

FERMENTATION Transformation du jus de raisin en vin, lorsque les levures naturellement présentes dans les raisins et occasionnellement ajoutées sous forme de culture transforment leurs sucres en alcool.

FINESSE Complexité et subtilité d'un vin.

FORTIFIÉ Vin renforcé par l'addition d'alcool.

INTÉGRÉ Tanins d'un vin qui s'harmonisent avec les autres composants.

INTENSITÉ Profondeur et richesse de saveur d'un vin.

JAMBE Texture huileuse de certains vins qui se dépose à l'intérieur du verre.

LARME Texture huileuse de certains vins qui se dépose à l'intérieur du verre.

LONGUEUR Période durant laquelle le goût du vin reste en bouche après la dégustation.

MOUSSEUX Vin qui produit des bulles.

NEZ Odeur d'un vin.

NOUVEAU MONDE Expression désignant les régions qui ne possèdent pas une longue tradition en tant que producteurs de vins (Australie, Afrique du Sud, Amérique du Sud, Amérique du Nord, Nouvelle-Zélande).

OXYDÉ Terme utilisé pour décrire un vin qui s'est détérioré par suite d'une surexposition à l'air.

PALAIS Goût d'un vin dans la bouche.

PÉTILLANT (pétillement) Terme désignant un vin légèrement effervescent.

RESPIRATION Fait de laisser le vin en contact avec l'air afin qu'il se dévoile.

RICHE Concentration importante de fruit mûr.

SENSATIONS TACTILES BUCCALES Sensations buccales procurées par le vin en raison de sa texture, son poids et son corps.

SOUFRE Odeur âcre pouvant être éliminée en faisant tourner le verre.

SOUPLE Vin équilibré, agréablement fruité et qui ne contient pas de tanin en excès.

TENEUR EN SUCRE/SUCROSITÉ Sucre non fermenté provenant de raisins mûrs.

TANIN Substance de conservation qu'on retrouve en plus grande quantité dans les vins rouges et qui a une saveur amère.

TERROIR Conséquences du sol, du cépage, du climat et de l'aspect sur le goût d'un vin.

TEXTURE Sensation que procure un vin en bouche, souvent comparée à des tissus.

VENDANGES TARDIVES Récolte tardive qui produit des vins doux.

VIEILLI DANS LE CHÊNE Vin qui vieillit dans des barils de chêne.

VIN FIN Vin de qualité supérieure qui s'améliore habituellement avec l'âge.

VISCOSITÉ Épaisseur d'un vin possédant une teneur élevée en alcool et une concentration de fruits mûrs, qui se caractérise par la présence de jambes.

ndex

Acide trichloroacétique, 32
Acidité, 8, 34, 37, 57
Afrique du Sud, 10
Âge et couleur d'un vin, 29
Âge des vignes, 10
Alcool, 8
    Corps, 41
    Goût, 34
    Niveaux, 38–41
    Viscosité, 26
Aliments, accord des vins
    et des, 56–61
Allemagne, 8, 10
Alsace, 8
Amérique du Nord, 10
Amérique du Sud, 10
Arôme, 30–32
Australie, 8 ,10

Barbera, 41, 56
Bordeaux, 10
Botrys cinerea, 36
Bouchons, 26
Bouquet, 30
Bouteilles, 17–19
Bulles, 24

Cabernet franc, 8, 32, 37, 38,
    41, 43, 54, 59, 61

Cabernet sauvignon, 8, 13, 26,
    37, 38, 41, 43, 52, 61
Californie, 8
Caractère, 36
Cépages, 8–10, 26
    Acidité, 37
    Cépages aromatiques, 32
    Corps, 41
    Intensité de saveur, 43
    Saveurs, 43
    Sucrosité, 36
    Tanin, 38
    Teneur en alcool, 38–41
    Texture, 41
    Types de vins, 58–61
    Vieillissement du vin, 13
    Vins doux, 59
    Vins rosés, 59
    Vins secs, 36, 37
Chablis, 8, 29
Champagne, 8
Chardonnay, 8, 13, 26, 37, 41,
    48, 58, 59
Chêne, vieillissement du vin
    dans des barils de, 13,
    38, 45
Chenin blanc, 13, 26, 32, 36,
    37, 41, 43, 49, 58, 59
Cinsault, 59
Climat, 10, 12, 29, 37
Corps, 34, 41
Couleur, 26–29

Coupe-capsule, 15
Crachoirs, 15
Cristaux de tartre, 26

Décantage, 19
Dégustation à l'aveugle, 17–19
Dégustations amicales, 17
Dégustations officielles, 17
Dépôt, 26
Dissolution de la couleur, 29
Dolcetto, 41, 61

Équilibre, 43
Espagne, 10
Étiquettes, 10, 12

Fiches de dégustation, 17,
    46, 47
Finesse, 45
France, 8, 10
Fromage, accord entre le vin
    et le, 56
Furmint, 36, 59

Gamay, 37, 38, 41, 54, 56, 61
Gewurztraminer, 26, 32, 37, 41,
    43, 50, 58, 59
Goût, 34–43
Grenache, 54, 59, 61

Intensité de saveur, 32, 43
Italie, 10

Langue, papilles gustatives, 34
Limpidité, 24
Longueur, 36, 43

Marsanne, 37, 41, 51, 59
Maturité, 45
Melon de bourgogne, 37,
    41, 58
Merlot, 8, 13, 37, 53, 61
Millésimes, 12
Moselle, 29
Mourvèdre, 59
Muscat, 36, 41, 43, 51,
    58, 59

Nebbiolo, 13, 37, 38, 41,
    55, 61
Nez, 8, 30–32
Notes de dégustation, 45, 46,
    47
Nouvelle-Zélande, 10

Odeur, 30–33
Ouverture des vins, 19
Oxydation, 20, 32

Palais, 8, 34
Papilles gustatives, 34
Pinot gris, 58
Pinot meunier, 8
Pinot noir, 8, 13, 26, 30, 32, 37,
    38, 41, 52, 56, 59, 61

Poisson, accord entre le vin et le, 56
Porto, 8
Pourriture noble, 36
Profondeur de la couleur, 29
Propreté, 30–32

Qualité, 45

Régions, 10–12
Riches, accord des vins et des aliments, 57
Riesling, 13, 26, 30–32, 36, 37, 41, 43, 50, 58, 59
Roussanne, 59

Salinité, 57
Sangiovese, 13, 37, 38, 41, 55, 61
Sauvignon blanc, 32, 37, 41, 43, 48, 58, 59
Saveurs, 43, 56, 57
Sédiments, 26
Sémillon, 13, 36, 37, 41, 49, 59

Sensations tactiles buccales, 34
Shiraz, voir Syrah
Soufre, 32
Sucre
    Sucrosité, 36
    Teneur en alcool, 38
Sucrosité, 34, 36, 57
Syrah/Shiraz, 13, 26, 37, 38, 41, 43, 53, 61
Systèmes de classification, 10–12

Tanin, 8, 20, 34, 38, 56
Température de service du vin, 19, 20
Tempranillo, 41, 43, 55, 61
Terroir, 10
Texture, 26, 34, 41
Tire-bouchon, 15
Tokay, 58
Types de vins, 8, 58–61

Vendanges tardives, 36

Verres, 15, 24
Vieillissement du vin, 13 ,45
Vignes, âge des, 10
Vin bouchonné, 32
Vinaigre, 32
Vinificateur, 12
Vins blancs
    Accord des aliments avec, 56
    Couleur, 26, 27, 29
    Saveurs, 43
    Température de service, 20
    Teneur en alcool, 38
    Types, 58, 59
    Vieillissement, 13
Vins complexes, 45
Vins corsés, 41, 61
Vins de l'ancien monde, 10, 12
Vins du nouveau monde, 10, 12
Vins fins, 13
Vins formés de divers cépages mélangés, 8–10
Vins fortifiés, 8
Vins légers, 41, 61

Vins mousseux, 8
Vins rosés
    Cépages, 59
    Couleurs, 29
    Température de service, 20
Vins rouges
    Accord des aliments avec, 56
    Couleur, 26, 28, 29
    Saveurs, 43
    Tanin, 38
    Température de service, 20
    Teneur en alcool, 38
    Types, 61
    Vieillissement, 13
Vins secs, 36, 37, 58
Viognier, 26, 37, 41, 43, 51, 58, 59
Viscosité, 26
Vue, 24–29

Xérès, 8

Zinfandel, 26, 41, 55, 61

Remerciements

J'aimerais remercier Simon Field, Mandy Woodard et Gail Barnett pour leur dévouement et leurs conseils, Simon Berry de la maison de vins Berry Bros & Rudd pour son aimable collaboration ainsi que Nick Croft pour son soutien continu.